Bertha Giotti

FAÇA DA SUA VIDA UMA VIDA MAIS FELIZ

MELHORAMENTOS

Dados Internacionais de Catalogação na Publicação (CIP)
(Câmara Brasileira do Livro, SP, Brasil)

Giotti, Bertha
 Faça da sua vida uma vida mais feliz / Bertha Giotti.
São Paulo : Editora Melhoramentos, 2007
(Comportamento)

ISBN: 978-85-06-05101-6

1. Conduta de vida 2. Felicidade 3. Relações interpessoais 4. Simplicidade I. Título II. Série

07-5349 CDD-158

Índices para catálogo sistemático:
1. Felicidade : Psicologia aplicada 158-1

Redação: Bertha Giotti
Capa: Casa de Idéias
Diagramação: Eduardo Bordallo

Todos os direitos reservados
© 2007 Editora Melhoramentos Ltda.

1.ª edição, dezembro de 2007
ISBN 978-85-06-05101-6

Atendimento ao consumidor:
Caixa Postal 11541 – CEP 05049-970 – São Paulo – SP – Brasil

Impresso no Brasil

Sumário

OS VÉRTICES DA FELICIDADE 5

SEU CORPO, SUA MORADA 7

Um prato de alegrias 7

O que faz bem para você? 10

Os cinco sentidos e o autoconhecimento 10

Conversando com seu corpo 11

Saúde e felicidade 13

Você realmente sabe cuidar de sua saúde? 13

Livre-se da síndrome de Procusto 16

Com quantas rugas se faz um sorriso? 18

Um olhar sobre o vértice-corpo 20

O VÉRTICE-MENTE 21

O pensamento – Atirando pedrinhas no lago 23

Mantendo as pedrinhas no bolso 23

Quantos peixes tem no seu lago? 25

Método Pollyanna 26

Por que você se levanta todos os dias? 27

O poder das palavras 28

Não tente negar a infelicidade 30

Conecte-se com o Universo 33

Um olhar sobre o vértice-mente 37

O VÉRTICE-SOCIAL 39

Os pequenos e grandes problemas diários 40

Reconhecendo problemas pequenos 41

Bom humor 43

Raiva, ciúme e inveja 43

Lidando com a raiva 44

Lidando com o ciúme 46

Lidando com a inveja 47

Seja flexível 48

Exercite a tolerância 49

Pratique a resiliência 51

Aprenda a lidar com as críticas 53

Dê um tempo a você 57

Dê um tempo aos outros 58

Converse com seu gato ou cachorro 58

Preste atenção ao "efeito borboleta" 59

EQUILIBRANDO O CAOS 61

Os vértices da felicidade

Para muita gente, a felicidade ainda é um mistério, um tesouro a ser encontrado em uma ilha distante. Às vezes, parece impossível ser feliz hoje, agora. Se os relacionamentos vão bem, a saúde parece tropeçar. Se o corpo está em forma, a mente é que divaga em pensamentos negativos. Se a tão almejada promoção chegou, é o amor que anda mal das pernas. Enfim, não raro temos a sensação de estar equilibrando pratos, buscando a felicidade num futuro distante ou, como disse o poeta, "onde nós a pomos, mas nunca a pomos onde nós estamos".

Não se engane. A felicidade está nas pequenas coisas, na forma como nos relacionamos com nós mesmos e com os outros. Comparada a uma viagem, a felicidade não é nem ponto de partida nem ponto de chegada; resume-se apenas ao caminho. Pode chover ou fazer sol, a paisagem pode ser bela ou árida. Não importa. A viagem vai ser boa ou ruim de acordo com a sua percepção do trajeto.

No entanto, ao contrário do que pregam muitos livros, gurus e poetas, a vida não é apenas um caminho a ser seguido, em linha reta, com começo, meio e fim. A vida é uma jornada com múltiplos caminhos, que começam de um simples triângulo: o primeiro vértice compreende o corpo e suas inúmeras reentrâncias, como a saúde, a beleza, a vitalidade, a longevidade; no segundo vértice, tem-se a mente e seus desdobramentos – a espiritualidade e a religiosidade, por exemplo; ao terceiro vértice cabem o relacionamento com o outro e o meio em que se vive: a família, os amigos, as relações amorosas etc. A inter-relação dos vértices desse triângulo pode resumir a vida graficamente: como em um fractal, as linhas se multiplicam, novos triângulos são formados, ou seja, a área delimitada (a vida de cada um) é finita, embora o perímetro (as diversas vertentes e veredas que podem ser tomadas) seja infinito. O modo como lidamos com esses vértices, os caminhos que tomamos e a maneira como nos percebemos e apreendemos o mundo que nos cerca são a matéria-prima da felicidade. Para ser feliz, é preciso manter o fractal em equilíbrio.

Fractal de Koch

Seu corpo, sua morada

Para os mais espiritualistas, o corpo é o que se pode chamar "presença física" no mundo; para os mais racionalistas, apenas uma máquina que funciona 24 horas por dia para nos manter vivos. Não importa em qual dos grupos você se encaixa. A verdade é que, se o corpo vai mal, você terá problemas para se manter em equilíbrio e levar uma vida feliz. Portanto, preste atenção aos desdobramentos dessa ponta do fractal – saúde, beleza e longevidade – e acerte os ponteiros do seu corpo. Esse é o primeiro passo rumo ao caminho da felicidade.

Um prato de alegrias

Está mais do que provado: a alimentação saudável, balanceada, é capaz de fazer milagres pelo seu organismo. Esqueça as dietas radicais e preste atenção às respostas que seu corpo oferece todos os dias. A milenar sabedoria indiana, por exemplo, ensina que o bem-estar físico e mental está intimamente ligado ao que comemos. Segundo a medicina ayurveda, existem três humores no nosso organismo, chamados *doshas* – *vata*, *pitta* e *kapha* –, em que cada elemento da natureza predomina. As pessoas *vata* são regidas pelo ar e pelo éter, sempre em movimento; naquelas em que *pitta* prevalece, o fogo e a água são seus principais guias; para quem é *kapha*, terra e água se fazem mais presentes. As características de cada elemento se manifestam na estrutura física e mental de cada um. Para os indianos, todos nós temos os três *doshas*, em proporções diferentes. Qualquer excesso ou deficiência de um deles desequilibra o corpo e a mente. O resultado já conhecemos: doenças e outros descompassos físicos e mentais.

Para os indianos, tudo o que comemos reflete em nossos *doshas*. Se você é predominantemente *pitta*, por exemplo, não deve exagerar nos sabores picantes, que aumentam esse *dosha* e podem causar problemas de saúde. Segundo a medicina ayurveda, não são as calorias que importam, mas o tipo de alimento adequado à sua constituição física e mental.

Como você pode perceber, os sábios orientais também pregam o equilíbrio e a resposta do organismo a cada uma de nossas ações. Mesmo que você tente negar, um prato de salada com certeza é mais leve que um prato de feijoada. Se você prestar atenção às reações do corpo, vai perceber o que lhe faz bem e o que lhe faz mal.

Para uma dieta equilibrada, não abra mão de frutas, verduras e legumes. São eles que tornam seu prato colorido e saudável. Se você acha que tudo isso se resume a comida sem gosto, comece a formar uma horta. Isso mesmo. À beira da janela, ou num pequeno jardim, plante mudas de alecrim, hortelã, manjericão, orégano e outras ervas aromáticas. Sua salada nunca mais será a mesma. As ervas frescas não apenas conferem sabor aos pratos: elas fazem muito bem à saúde.

Dê preferência às carnes brancas, mas não abandone a carne vermelha. O arroz, os pães, as massas e os cereais são fontes indispensáveis de energia, porém opte pelas versões integrais. Elas não passaram pelo processo de refino da indústria e por isso conservam a maior parte das vitaminas e minerais, tão essenciais ao funcionamento do nosso organismo. Vá devagar com os açúcares e gorduras; diversas pesquisas indicam que o excesso desses nutrientes pode levar ao risco de doenças cardiovasculares, por exemplo. Abuse dos líquidos, principalmente da água. Oito copos diários são indispensáveis para o funcionamento de todos os órgãos e a eliminação das toxinas.

Para entender a importância da alimentação saudável, você pode fazer um exercício simples. Feche os olhos e tente imaginar todos os movimentos no interior de seu corpo: a digestão, a respiração, a produção de células de defesa; concentre-se no batimento cardíaco e tente visualizar a corrente sanguínea, viajando pelo corpo a toda a velocidade. Mesmo em repouso, seu corpo não pára. Aquele almoço ou jantar que há poucas horas você degustou está agora sendo "trabalhado", queimado em partículas menores, prontas para servir de combustível a cada uma de suas inúmeras atividades diárias. Pensar, falar, andar, correr, pular, brincar, se emocionar, aprender, entender, sorrir e até amar são verbos que só existem porque, em princípio, nos alimentamos. Daí a importância do que colocamos no prato. Alguns alimentos proporcionam bom humor; outros levam à irritabilidade. E, claro, tudo isso varia de pessoa para pessoa. A boa dieta é aquela que *realmente* lhe faz bem.

O que faz bem para você?

Pare, pense e esqueça todos os conselhos que ouviu nos últimos tempos sobre qual seria a melhor dieta. Todo mundo sabe que frutas, verduras e legumes fazem bem; idem para as carnes brancas e os alimentos integrais. Mas há outra grande verdade apregoada por aí à qual não damos a devida importância: somos, em primeira instância, muito diferentes um dos outros no que diz respeito à constituição física e psíquica, e, por isso, manter os vértices de seu fractal em equilíbrio é uma tarefa que só depende de você. Portanto, seja sincero: se você acha que toneladas de chocolate são essenciais para o seu bom humor, dê uma olhada na balança. Não adianta achar que se sente bem depois de vários bombons e, no dia seguinte, sentir-se culpado pelos quilinhos a mais.

A boa mesa, portanto, é farta em sabedoria. Coma devagar e mastigue bem. Depois de cada refeição fique atento às reações do seu corpo. Não menospreze nenhum sinal de indigestão, "peso" no estômago ou náuseas. O corpo trabalha a seu favor; portanto, não vá na direção contrária.

Os cinco sentidos e o autoconhecimento

Você já deve ter ouvido falar dos famosos cinco sentidos: visão, olfato, paladar, audição e tato. É por meio deles que nosso corpo se relaciona com o mundo exterior e, em última instância, são eles que nos ajudam a tomar decisões. Você escolhe entre uma roupa vermelha e uma azul, prefere um perfume a outro, gosto de maçã a gosto de hortelã, música pop a música clássica, e é capaz de decidir pela compra de creme hidratante depois de descobrir que sua pele está áspera. Os cinco sentidos nos ajudam a captar o mundo exterior; funcionam como portais do nosso organismo.

No entanto, eles também podem funcionar como meio de comunicação entre você e seu corpo.

Conversando com seu corpo

OUÇA A SUA RESPIRAÇÃO. Como em qualquer conversa, você vai ter de prestar atenção. Inspire e, devagar, expire. Lembre-se de movimentar a região do abdômen – exatamente como fazem os bebês – e não o tórax. Aos poucos, você vai se sentir mais relaxado, e aquela voz quase sempre aflita que vive listando suas obrigações e afazeres terá emudecido. Com o silêncio instituído, a conversa pode continuar.

ESCUTE OS BATIMENTOS CARDÍACOS. Pode parecer óbvio, mas é um tanto assustador: seu coração começou a bater antes de você nascer e só vai parar no exato segundo em que você morrer; sem nenhum descanso. É com certeza a primeira "música" que você ouviu na vida.

OLHE-SE NOS OLHOS. "O olho é a janela da alma." Dizem que a frase é do famoso pintor e arquiteto Leonardo da Vinci, mas já se tornou um ditado popular, sempre sábio. Olhar-se nos olhos pode parecer um ato bobo, até incômodo, principalmente nas primeiras vezes. Mas não desanime. Com o tempo, você vai se acostumar e se sentir mais perto de você mesmo.

Sinta a sua pele. Pode ser o rosto, os pés ou as mãos. Procure sentir a sua pele. Você já experimentou dar um aperto de mãos em você mesmo? Na primeira vez, isso vai lhe causar uma sensação de estranhamento, do tipo "de quem é esta mão?", mas não se preocupe. É apenas o sinal de que, embora o corpo seja de fato a nossa morada, mantemos pouco contato com ele. Estamos sempre nos movimentando "para fora", em direção ao exterior, e nunca no sentido inverso, em busca do nosso interior.

Preste atenção no seu cheiro. O olfato é um dos sentidos que mais aguçam nossa memória. Alguns cheiros podem nos levar de volta à nossa infância ou trazer recordações de pessoas queridas. Em relação ao corpo, porém, estamos sempre tentando mascarar qualquer cheiro, investindo em sabonetes, perfumes e cremes. Embora faça parte de nossa cultura, e ninguém queira recomendar que você abandone os bons hábitos de higiene, experimente, de vez em quando, prestar atenção ao seu cheiro natural. É mais uma forma de conversar com seu corpo.

Estar em contato diário com seu corpo vai lhe permitir se conhecer melhor, e o autoconhecimento é o primeiro passo para equilibrar os vértices do fractal.

Saúde e felicidade

Quando você conversa com seu corpo, sabe, de um jeito ou de outro, que precisa cuidar da pele, dos cabelos, consultar um gastroenterologista ou trocar os óculos. Afinal, você é a única pessoa capaz de sentir sua dor de estômago, incomodar-se realmente com a espinha inflamada no nariz ou perceber que já não enxerga a placa da sua rua da mesma maneira que a enxergava antes.

Os cuidados com a saúde são imprescindíveis à felicidade. Ninguém é exatamente feliz durante uma crise de enxaqueca ou uma forte dor nas costas. Tanto é verdade que, quando ficamos doentes, não raro pensamos em como "éramos" ou "estávamos" felizes antes disso. Em muitos casos, temos a nítida certeza de que apenas a retomada do bem-estar será suficiente para que sejamos infinitamente felizes. Esse é um bom exemplo de que a felicidade não é algo efusivo, estonteante; ao contrário, é morna e suave; fala baixinho e pisa leve. Por isso, quando a gente a ouve, vê e sente, tem a sensação de que ela acabou de chegar. Mas não se engane. Ela sempre esteve ali; você é que realmente estava em outro lugar.

Você realmente sabe cuidar da sua saúde?

Febre, dor de cabeça e garganta inflamada. "Você precisa cuidar da sua saúde!" Quantas vezes você já não ouviu essa frase entre um espirro e outro? Afinal, será que cuidar da saúde é só tratar o resfriado, procurar o médico quando sente dor? Pra muita gente, a saúde existe apenas quando vai mal. É o famoso efeito gangorra – acontece em todos os vértices e nos dá a sensação de que éramos felizes quando estávamos lá em cima. O problema é que só vemos "lá em cima" quando estamos lá embaixo...

Faz parte do nosso "padrão comparativo" funcionar melhor se estamos em posição ou situação inferior. Na prática, se estamos saudáveis, pensamos pouco na nossa saúde; estamos no alto da gangorra, e talvez a única ambição seja a de perder alguns quilinhos; se a gangorra desce, e você acorda com uma terrível enxaqueca, é hora de cuidar da saúde, ou melhor, *dessa enxaqueca*.

Se você quer manter o corpo saudável, pare de agir assim. Cuidar da saúde é, na verdade, se antecipar. Se as costas doem, por exemplo, preste atenção à sua postura. O corpo humano conta com 206 ossos, organizados de forma a sustentar o corpo; a coluna vertebral, com 26 vértebras articuladas e em forma de S, é bastante flexível, permitindo diversos movimentos, em todas as direções. Da mesma forma, o seu computador conta com um sistema de processamento de dados ágil e preciso; a memória no disco é capaz de armazenar milhares de informações. Se você o fizer trabalhar dia e noite, copiando para o disco arquivos cada vez mais pesados, ele fatalmente irá pedir socorro. A mesma coisa pode acontecer às suas costas; não pense que o S da sua coluna é capaz de agüentar um W. Cuidar da saúde é se prevenir.

PÍLULAS DE SAÚDE
COM DOSES DE FELICIDADE

Não pense em comprimidos ou numa poção mágica para a longevidade. As pílulas de saúde são simples e baratas – e ainda contam com doses de felicidade.

Caminhe todos os dias pelas ruas do seu bairro. Não se esqueça de observar as árvores, o canto dos pássaros e as pessoas que passam por você. Mesmo nas grandes cidades, em meio ao barulho dos carros e à poluição, há ruas bastante arborizadas, crianças indo para a escola e idosos caminhando devagarinho, ao sabor do vento. A vida acontece a todo instante. Portanto, enquanto caminha, não olhe para baixo. Preste atenção ao seu redor. Além de exercitar os músculos, fortalecer os ossos, aumentar a disposição e diminuir o estresse, caminhar pode ser uma forma de se conectar ao mundo e a você mesmo. Lembre-se: *a felicidade não está no amanhã, nem no ontem, mas sim a cada passo que você dá.*

Leia uma página de um livro por dia. Escolha um assunto do seu interesse: pode ser um romance, um livro de contos, uma página de enciclopédia, não importa. O importante é criar o hábito de ler pelo menos uma página por dia. A leitura é uma das formas mais eficazes de manter o cérebro ativo. Estimula

> a criatividade, mexe com as emoções e ativa a memória. Ler é, ainda, se desprender do mundo que nos cerca, mesmo que seja apenas por alguns minutos. A *felicidade também mora nas entrelinhas.*
>
> **Não se esqueça de sorrir.** Diversas pesquisas já comprovaram: sorrir é mesmo benéfico para a saúde. Até hospitais têm apostado na terapia do riso, e dizem que Hipócrates (século IV a.C.), o pai da medicina, já usava o poder da gargalhada para curar seus pacientes. Até mesmo Freud, guru de muitos psicanalistas, escreveu um livro sobre o assunto (*Os Chistes e sua Relação com o Inconsciente*), comparando o humor aos sonhos. Segundo ele, por meio dos dois, é possível lidar com as próprias frustrações e aliviar todo tipo de tensão. *Tente rir de si mesmo: ao contrário do que muita gente pensa, a felicidade não está na perfeição.*

Livre-se da síndrome de Procusto

Para muitos, não há nada que desestabilize mais o vértice-corpo do que uns quilos a mais ou cinco rugas no canto dos olhos. A busca pelo corpo escultural e o rosto perfeito se transformou na ditadura da moda e de seus manequins cada vez menores, como se a diferença fosse mesmo um grande erro instituído. As etiquetas P, M e G se transformaram em mensagens aterrorizantes: P – Posso, M – Melhor não e G – Gostaria de não existir.

Segundo a mitologia grega, Procusto era um malfeitor sanguinário: saqueava os viajantes que passavam pela estrada e os submetia a uma terrível tortura: deitava-os em uma cama de ferro, de onde nenhum deles saía com vida; se as pernas do viajante fossem maiores que a cama, ele as cortava até ajustá-las ao tamanho do leito; se fossem menores, porém, esticava-as até que tivessem o mesmo comprimento da cama. É mais ou menos assim que funciona a ditadura da moda e dos padrões estéticos atuais.

Para ser feliz, é preciso se livrar da síndrome de Procusto. A beleza é subjetiva e mora no detalhe, na diferença, e, no fundo, sabemos disso. Se alguém lhe dissesse que fulana é bonita porque é igual a beltrana, você provavelmente acharia insano e ilógico. Mas é exatamente isso que as revistas de boa forma e beleza fazem: "Você só será bonito, ou bonita, se for exatamente como esta pessoa". Bobagem. Não desestabilize o seu vértice-corpo com isso. Tentar parecer outra pessoa é negar suas impressões digitais. Não há ninguém, em nenhuma parte do mundo, que tenha impressões digitais iguais às suas – a maior prova de sua singularidade –, portanto invista na sua beleza: ela é única.

Com quantas rugas se faz um sorriso?

Envelhecer faz parte da vida e acontece a todo instante. Pode-se dizer que cada ser vivo vem ao mundo com um cronômetro a tiracolo. Quando você chegar à linha de baixo, não será mais o mesmo de alguns milésimos de segundo atrás; ao virar a página, terá menos tempo de vida, e, aos poucos, seu corpo – e sua mente – vão lhe mostrar isso. Mesmo com todos os avanços da medicina, serão inevitáveis todas as mudanças que resultam do envelhecimento natural do organismo. Os ossos se tornam frágeis, os cabelos ficam brancos e a pele perde a firmeza. Mas, como diz um velho ditado popular, "a natureza é sábia". Ela não tiraria algo de você sem lhe dar nada em troca.

E é exatamente isso o que acontece: os anos passam e, à medida que você envelhece, a natureza permite que nossas experiências se acumulem numa espécie de biblioteca gigante, também chamada pelos cientistas de *memória de longo prazo*.

São milhares de prateleiras, gavetas e estantes onde guardamos os álbuns da nossa vida. Fazendo uma pequena comparação, tente se lembrar da primeira namorada ou namorado. Você a conheceu, se apaixonaram, viveram momentos de alegria e, quem sabe, tristeza. Brigaram várias vezes, se separaram, voltaram a namorar etc. etc. etc., até que um dia o namoro acabou. Digamos que a relação tenha durado três anos e terminando por causa do ciúme excessivo do outro. Tudo o que aconteceu entre vocês nesse período e a maneira como você reagiu a cada um dos fatos, incluindo, além do ciúme, paixão, raiva, ressentimento, mágoa ou saudade, foram sendo registrados pela sua memória. Vale lembrar que a memória é bastante seletiva. Só são guardados fatos que realmente interessam e que possam se usados mais tarde.

Quando o relacionamento terminou, e você tinha de fato partido para outra, todas aquelas informações já estavam reunidas num álbum intitulado "Primeiro namorado (a)" e disposto na prateleira do ano tal, assunto: relacionamentos/ciúmes. No próximo namoro, se o problema for "ciúmes", você já terá uma experiência prévia de como lidar com a situação.

Essa é uma maneira simplificada e até divertida de compreender o processo de construção da nossa memória. Pode parecer boba, mas mostra que o acúmulo de experiências se transforma numa vasta teia de conhecimento, a qual muitos chamam *sabedoria*.

Segundo muitos médicos, começamos a envelhecer no dia em que nascemos. Portanto, desde então estamos arrumando nossa biblioteca, mesmo que não se perceba, e, quando os sinais da idade começam a aparecer, pode-se dizer que nos damos conta disso. O problema aqui é a forma como percebemos isso. Se você prestar atenção apenas aos cabelos brancos, não vai ter olhos para a sua biblioteca. E lembre-se: a felicidade está no seu patrimônio histórico, em tudo o que aprendeu – e ainda pode aprender – e no conhecimento que já conquistou. Quando somos jovens, não temos rugas e, portanto, não reparamos numa das maiores verdades da nossa existência: você já parou pra pensar no fato de que sem rugas não há sorriso?

Um olhar sobre o vértice-corpo

Como você viu, a vida pode ser representada graficamente como um fractal, que se inicia com um triângulo. Cada vértice desse triângulo – corpo, mente e a relação com o mundo – se expande infinitamente em caminhos, delimitando uma área finita – nossa existência. É no equilíbrio desses três vértices que encontramos a felicidade. Até aqui você pôde conhecer de perto alguns dos aspectos mais importantes do vértice-corpo. Não são os únicos; há muitas outras vertentes que podem ser desvendadas, aprofundadas e reequilibradas. No entanto, aos poucos, quando você tiver reorganizado os principais aspectos apresentados aqui, você será *realmente* capaz de prestar atenção às minuciosas veredas de seu fractal, pois não existe um fractal exatamente igual ao outro, ou seja, você é único e sua vida é única. Quando os sábios e gurus dizem que a felicidade está no canto do pássaro ou no barulho da chuva, também estão querendo dizer que ela está na descoberta daquilo que, no dia-a-dia, se esconde ou é ocultado da gente. No caso do corpo, mal atentamos para suas minúcias. Mesmo aqueles que fazem *check-up* todos os anos, ou freqüentam academias e centros esportivos, nem sempre voltam os cinco sentidos para o próprio corpo.

Portanto, depois de se aprofundar nos aspectos desse vértice apresentados aqui, concentre-se em você; se preciso, olhe-se no espelho e avalie-se: como tem lidado com seu corpo? Não tenha medo de parecer tolo. O autoconhecimento é a chave para a felicidade. Somos infelizes quando nos recusamos a nos conhecer e optamos por ser quem não somos.

O vértice-mente

Embora este livro trate de cada vértice do fractal separadamente, é importante reforçar a idéia de que todos estão interligados e só assim podem funcionar em equilíbrio. O segundo vértice diz respeito à mente. Ancorada ao cérebro, funciona 24 horas por dia. Enquanto estamos acordados, ela trabalha sem parar, processando milhares de informações: pensamos no ontem, no hoje, no que ainda está por vir, no que vamos fazer daqui a um minuto, no feriado, no que acabamos de ouvir etc.; quando dormimos, sua atividade continua. Muitos cientistas acreditam que, durante o sono, a mente organiza as lembranças e os aprendizados por meio dos sonhos. É provável que dessa "faxina" surjam os famosos *insights*: sonhos que nos trazem a resposta para um problema. Mas acredite: a mente pode muito mais.

Quando você acorda de manhã com aquela sensação estranha de que não há perspectiva, de que o mundo lhe parece cinza, chuvoso e cheio de trovoadas, cujos raios parecem cair bem na sua cabeça, a felicidade mais se assemelha a uma entidade extraterrestre.

O dia prossegue, e você só consegue pensar naquilo que não deu certo, em todos os momentos em que fracassou e nas mágoas que carrega. Lá pela hora do almoço, todos os maus bocados do seu passado já foram desenterrados, e você já desfiou boa parte do rosário se lamentando. De onde vem tudo isso?

Com certeza, da sua cabeça. Para muitos cientistas, o processo é desencadeado fisicamente. Algumas substâncias cerebrais chamadas neurotransmissores teriam o poder de nos deixar mais ou menos felizes, estabelecendo uma relação corpo ➔ mente, ou físico ➔ mental, ou seja, as substâncias químicas cerebrais seriam os nossos super-heróis da felicidade: apenas a ação deles determinaria nosso estado de espírito. É até por isso que vários remédios destinados ao tratamento da depressão, por exemplo, já foram apelidados de "pílulas da felicidade", justamente por agir sobre esses neurotransmissores, manipulando sua eficácia.

No entanto, a ciência também já comprovou que a ordem inversa, mente ➔ corpo, é capaz de alterar a atividade cerebral e, assim, modificar nossa percepção do mundo e de nós mesmos. Embora contrárias, uma comprovação não desmente a outra. Na prática, funciona mais ou menos assim: o aumento da freqüência cardíaca, por exemplo, é, fisicamente, causado pela alta na produção de adrenalina – hormônio responsável pela sensação de alerta no organismo. No entanto, o fator desencadeante da situação pode ser uma emoção forte ou um pensamento contagiante.

Dentro do fractal, o vértice-mente é o mais poderoso e, ao mesmo tempo, enigmático. Problemas no vértice-corpo – ligado ao físico – são, em geral, facilmente identificados e/ou monitorados: doenças, má alimentação, má postura etc. No caso da mente, embora o cérebro possa ser "fotografado" e os cientistas saibam que uma quantidade maior de ondas cerebrais em determinada região signifique, por exemplo, a sensação de alegria ou dor, ninguém, nem aparelho algum são capazes de saber exatamente o que você está pensando nesse instante. E só você pode conduzir seu pensamento na direção que quiser. Acredite: o que você pensa reflete diretamente no que você diz e no que você faz. Daí a importância desse vértice no equilíbrio fractal da felicidade.

O pensamento – Atirando pedrinhas no lago

Imagine que sua mente é um grande lago. De fora, sentado à margem, você atira pedras na água. Cada vez que uma pedra atinge a superfície do lago, formam-se ondas circulares que se propagam do centro em direção à periferia. Cada pedrinha simboliza um pensamento, qualquer um, por menor que seja. Em um minuto, sua mente será um enorme tsunami. Pensamos em cadeia. Uma idéia leva a outra, que leva a outra. Segundo a sabedoria oriental, a profusão de pensamentos gera ansiedade e nos afasta de nós mesmos. Como você viu no vértice-corpo – e isso vale para todos os vértices –, o autoconhecimento é a chave para a felicidade. Só ele pode nos aproximar de cada vértice do fractal a fim de equilibrá-lo.

Mantendo as pedrinhas no bolso

Para equilibrar o vértice-mente, o primeiro passo é aprender a "zerar" os pensamentos. Pare de atirar pedrinhas no lago. Num primeiro momento, você terá a sensação de que é quase impossível domar o pensamento. Mas não é.

Uma dica é começar com exercícios simples, por exemplo:

> **Da janela da sala ou do escritório,** dê uma espiada no céu. Se houver nuvens, preste atenção às suas formas. Elefantes, carneiros, árvores, abacaxis, cirandas, dragões que cospem fogo. Não importam as imagens que você descobrir. O importante é descobri-las. A brincadeira é antiga, e quase todo mundo já fez quando criança. Mas o resultado é certeiro: você vai esquecer, pelo menos por alguns minutos, as pedrinhas que estão no bolso.
>
> **Se o tempo estiver chuvoso,** concentre-se na chuva que bate no vidro da janela. Os pingos de água costumam tecer caminhos que se bifurcam e se juntam novamente, num movimento constante. Acompanhá-los é outra maneira simples de manter o lago em calmaria.

Com o tempo, você pode incrementar esses exercícios e repeti-los ao longo do dia. A fase avançada desse procedimento é o que os sábios chamam "meditação". Meditar é "esvaziar a mente", ou "parar de atirar pedrinhas no lago". Com essa técnica, você terá domínio sobre o seu fluxo de pensamento. Na prática, se você começar aos poucos, é mais ou menos como descongelar a geladeira periodicamente; e, ao aprender a meditar, é como se tivesse mudado para o sistema *frost-free* – o gelo nem chega a se formar.

Quantos peixes tem no seu lago?

Depois de esvaziar a mente, comece a prestar atenção no que você põe nela. Só você pode decidir se quer criar peixes ou lodo no seu lago. É mais ou menos assim que funcionam o pensamento positivo e o pensamento negativo. Nós optamos por um ou por outro. No padrão positivo, há sempre peixes coloridos nadando no lago, não importam as adversidades. No padrão negativo, a água é turva, o lodo impera, e tudo lhe parece frio e sombrio: é o pensamento negativo.

Pensar negativo significa achar que nada vai dar certo e que, caso dê, será por mero acaso. As pessoas negativas costumam podar qualquer senso de ousadia. Não raro, vivem às voltas com uma espécie de minotauro, que se alimenta de seus sonhos e vive preso a um labirinto chamado *passado*. É a turma do "não dá", "não pode", "nunca" e "jamais".

Um dos maiores vilões do equilíbrio fractal, o pensamento negativo é capaz de desestabilizar não só o vértice-mente, mas também o vértice-corpo.

Cientistas da universidade de Wisconsin-Madison, nos Estados Unidos, provaram, por exemplo, que o pessimismo pode prejudicar o sistema imunológico, deixando o organismo suscetível às doenças. De quebra, ninguém quer mergulhar num lago lodoso, ou seja, o pensamento negativo também afasta as pessoas e compromete o equilíbrio do vértice-social (veja p. 39).

O pensamento positivo, porém, cumpre um duplo papel: além de mentalizar coisas boas, pode neutralizar o pensamento negativo (veja tópico "Método Pollyanna"). Pensar positivo significa achar que tudo vai dar certo e que, caso não dê, você terá outra chance. As pessoas positivas acreditam que só um passo depois do outro é capaz de mover o mundo e mudar as coisas. É a turma do "eu quero", "eu posso" e "eu vou conseguir".

No fundo, se você prestar atenção aos parágrafos anteriores, vai perceber que a diferença entre as pessoas pessimistas e as otimistas está na forma como elas enxergam o mundo. Como diz a sabedoria popular, imagine um copo de água pela metade. Para os otimistas, ele está meio cheio; para os pessimistas, meio vazio. No lago dos otimistas, nasce um peixe colorido por minuto; no lago dos pessimistas, eles são uma espécie em extinção.

Mas, como diria qualquer bom otimista: você, pessimista, *pode* mudar.

Método Pollyanna

A escritora americana Eleanor H. Porter publicou *Pollyanna* em 1913. *Best-seller*, o livro foi traduzido no Brasil por Monteiro Lobato e caiu nas graças de milhares de jovens leitores. Para muitos, Pollyanna, a personagem que dá nome ao livro, não passa de uma menina ingênua e conformada. A história é doce e promete amolecer até os corações mais duros. Críticas à parte, ninguém pode negar que Pollyanna nos ensinou um dos melhores métodos para treinar o pensamento positivo: o jogo do contente.

    Consiste em ver o lado bom das coisas, mesmo quando o mundo não parece sorrir para você. Isso não quer dizer que a tristeza e as lágrimas estão proibidas. Você tem todo o direito de ficar triste, de chorar pelo que não deu certo. O jogo do contente vai ajudá-lo a partir para a etapa seguinte: ir em frente. Porque o relógio não está disposto a esperá-lo, e a felicidade tem tudo a ver com a maneira de olhar as coisas. Pollyanna, por exemplo, detestava as tarefas que tinha pra fazer às segundas-feiras. Com o jogo do contente, porém, sabia que só dali a uma semana teria de fazê-las novamente... e então ia em frente. O exemplo é quase singelo, mas ilustra o poder do ponto de vista, ou ângulo de visão. Se você puder ver além dos fatos (além de uma tarefa chata, por exemplo), do previsível (não gosto disso), será mais fácil desenvolver o pensamento positivo (vai passar, e o melhor está por vir).

Por que você se levanta todos os dias?

    Retomando o lago da sua mente, pensar positivo significa não deixar que falte oxigênio para os peixes. Sem oxigênio, eles morrem; da mesma forma, se você prestar bem atenção, vai ver que o pensamento positivo está, na verdade, entranhado na sua essência. Afinal, o que faz você se levantar todos os dias da cama? As respostas são inúmeras: trabalhar, cuidar do filhos, ajudar alguém etc. Todas elas, porém, guardam estreita relação com o "prosseguir da vida". E por que prosseguimos? Porque acreditamos. Pensar positivo é acreditar. Daí em diante, a reação é em cadeia: quem acredita sonha, vai em frente, tenta, pergunta, pede, consegue, conquista, realiza... A vida se move pelo pensamento positivo. Até os pessimistas precisam de uma dose dele todas as manhãs. Afinal, ainda que o céu lhe pareça nublado, e o dia prometa nada ou quase nada, eles também precisam buscar no seu íntimo algo que os faça sair da cama, mesmo que, depois, passem o dia todo achando que vai, de fato, chover.

O pensamento positivo, portanto, é algo inato. Lançar mão dele ou não é o que nos faz otimistas ou pessimistas, às vezes mais ou menos. Dentro do fractal, isso equivale a manter o lago bem ou mal oxigenado. O equilíbrio do vértice-mente depende dessa escolha.

O poder das palavras

Sozinhas ou em turma, as palavras têm uma enorme força, ajudando a veicular o pensamento positivo ou o pensamento negativo. É por meio delas que transferimos nossa vontade ao Universo, e tem início mais uma reação em cadeia. Pequenos monossílabos, como "sim" e "não", são capazes de transformar o mundo.

Em turmas, as palavras compõem, por exemplo, lendas e mitos dispostos a organizar a sociedade, reorganizá-la, estabelecer normas ou quebrá-las. Não precisa ir muito longe. Boa parte das histórias que você ouviu quando era criança está viajando de boca em boca há séculos, às vezes milênios. Os contos de fada respondem por praticamente todas as nossas noções éticas: o bem e o mal, o justo e o injusto.

As palavras têm o poder de conceber. Os substantivos nomeiam, os adjetivos caracterizam e os verbos agem. É verdade que todas elas nascem com um significado; a lista quase completa está nos dicionários. No entanto, o que realmente importa é o uso que damos a elas; as combinações que fazemos. Você pode dizer "vou" ou "não vou". Assim, o verbo "ir" é facilmente modificado pelo uso que se faz dele, pela escolha das palavras associadas.

Toda vez que pronunciamos algo, as ondas sonoras reverberam e se integram à energia vital do Universo, composta de duas vertentes: o *yin* (negativo) e o *yang* (positivo), que equilibram todas as forças conflitantes – quente e frio, dia e noite, claro e escuro. Para os chineses, o equilíbrio dessas duas vertentes chama-se *chi*: o poder criador, destruidor, renovador. Em sintonia com o *chi*, as palavras vibram no Universo e têm o poder de fazê-lo conspirar a nosso favor.

Lembre-se, no entanto, de que no equilíbrio *yin-yang* o silêncio precisa se opor ao som. Assim, a uma boa dose de palavras é preciso acrescentar outra colherada de silêncio, do mesmo tamanho e na mesma intensidade. A felicidade está nessa complementação. Quem sabe, a partir disso, podemos entender por que também ficamos cansados das coisas boas. Afinal, por que, depois de duas semanas de férias, você não agüenta mais a praia?

Não tente negar a infelicidade

Se *yang* não pode viver sem *yin*, não tente negar a infelicidade. Os momentos tristes e as frustrações também ajudam a equilibrar o vértice-mente. Depois do sofrimento, há sempre o alívio. Não há alegria eterna, em linha reta. O Universo trabalha de forma circular; depois de uma semana, Pollyanna enfrentaria novamente as tarefas da segunda-feira, porque, embora se tenha a impressão de sair de um ponto A em direção a um B, sem possibilidade de retorno, a verdade é que estamos sempre voltando ao marco inicial das coisas, ainda que o início não seja mais o mesmo. Como explicou Heráclito, filósofo grego que viveu entre 540 a.C. e 470 a.C., você jamais entrará no mesmo rio duas vezes, pois, na segunda tentativa, as águas já não serão as mesmas. Na prática, as segundas-feiras se repetem, você está sempre de volta a elas, embora a vida continue fluindo. Essa idéia está ancorada à noção de tempo. Basicamente, existem dois tipos de tempo: o tempo linear e o tempo circular. O tempo linear é o tempo histórico, o tempo do calendário, da sucessão de fatos que se estendem de um ponto A a um ponto B, em linha reta e de forma finita. O tempo circular governava as antigas civilizações e ainda domina muitas tribos indígenas. É o tempo dos ciclos naturais: dia, noite, período de seca, período das chuvas, inverno, verão. É o tempo do retorno, infinito, que rege o Universo. Em geral, a busca insana pela felicidade se concentra no tempo linear: vou ser feliz amanhã, depois de amanhã, na semana que vem, três dias antes de morrer. É o que se pode chamar "síndrome da ampulheta".

A única coisa que você consegue ver é a areia escorrendo, o tempo se esvaindo. À medida que as folhinhas do calendário vão sendo viradas, o sofrimento aumenta. Nesse caso, a felicidade mais se parece à flor azul de Novalis (1772-1801), poeta romântico alemão que escreveu um romance ambientado na Idade Média, cujo protagonista, Heinrich, procura incansavelmente pela "flor azul", que um dia viu num sonho e pela qual se apaixonou. Quando você for capaz de pensar e agir sob o tempo circular, é bem provável que se surpreenda, como exprimiu outro poeta romântico, o inglês Coleridge: "E se você dormisse? E se você sonhasse? E se, em seu sonho, você fosse ao Paraíso e lá colhesse uma flor bela e estranha? E se, ao despertar, você tivesse a flor entre as mãos? Ah, e então?". Terá, enfim, despertado para o eterno presente do ir e vir, do equilíbrio entre as forças que regem o Universo.

Se você não tem a menor idéia de como chegar lá, experimente:

> **Esquecer o relógio.** Essa é uma forma simples de aprender a viver sob o regime do tempo circular. Pelo menos uma vez por semana – pode ser no fim de semana –, não ponha o despertador para tocar; deixe que a luz do sol o acorde. Almoce quando sentir fome, e faça o que lhe der vontade. Risque da sua mente frases como "É hora de", "Preciso fazer", "Está tarde" ou "Está cedo" e, por último, vá dormir quanto tiver sono. O tempo linear não mede apenas as horas, os minutos, os segun-

dos; ele também mede os nossos atos e as nossas vontades. Liberte-se dele de vez em quando; comece com esse tratamento de choque e, aos poucos, você sofrerá menos em busca da felicidade. Afinal, ela vai estar nas suas mãos, e não no mundo inatingível dos ponteiros que "correm lentamente" uns atrás dos outros.

Respirar fundo quando estiver com pressa e diminuir o passo. Pra quem depende apenas do tempo linear, a pressa costuma ser uma constante. Às vezes corremos tanto, tanto, que até nos esquecemos do motivo de tamanha correria. Como dizia Paulo Mendes Campos, "é bobice disputar uma corrida se a gente não irá saber quem venceu. Se tiveres de ir a algum lugar, não te preocupe a vaidade fatigante de ser a primeira a chegar. Se chegares sempre aonde quiseres, ganhaste".

Falar bem devagar. As palavras têm limite de velocidade. Se você as põe pra correr, com certeza capotarão antes de chegar ao seu destino e não terão a menor chance de exercer seu poder. Quando você fala devagar, permite que elas saiam "em fila", sem atropelar umas às outras, em sintonia com o Universo.

Aceitar as lágrimas. Por pior que seja a sua dor, não tente renegá-la. As lágrimas são sempre renovadoras; depois delas, somos sempre mais felizes.

CAMPOS, Paulo M. "Para Maria da Graça". In: Para gostar de ler, crônicas, São Paulo, Ática, 1979, v.4, pp.73-76

Conecte-se com o Universo

Somos parte desse imenso Universo, mas poucas vezes nos damos conta disso. Estamos tão envolvidos com o nosso dia-a-dia e nossas obrigações que mal percebemos o mundo ao redor, a imensidão do céu e do mar etc. Você já reparou que, de vez em quando, nos sentimos absolutamente sozinhos no mundo? Que, mesmo rodeados das pessoas que amamos, da família, dos amigos, dos vizinhos, temos a sensação de estar completamente soltos, despreendidos da vida, flutuando no espaço como um astronauta trancado numa cápsula? Esse tipo de sensação é quase sempre muito profunda, angustiante. Por alguns segundos, ou até minutos, perguntas existenciais nos assombram: de onde viemos? por que estamos aqui? para onde vamos? Se existisse uma supercâmera, capaz de fotografar nossos sentimentos nessa hora e convertê-los numa imagem, veríamos, provavelmente, o retrato daquele mesmo astronauta, agora já fora da cápsula, tateando na infinitude do espaço, em busca de algo que ele não sabe bem o que é, mas que deseja encontrar.

Nesse momento, é como se o vértice-mente do fractal sofresse um curto-circuito. Por um instante, a consciência se esvai, e voltamos a uma espécie de estágio primitivo, de vazio, de bateria descarregada. É hora de se conectar novamente com o Universo, nossa fagulha essencial.

Para os religiosos, o Universo e tudo o que existe nele, inclusive nós, seres humanos, foram criados por Deus – Alá, Jeová, não importa –, um deus que simboliza o princípio de tudo. Aquele pequeno curto-circuito é uma espécie de sopro de Deus, não do ponto de vista da devoção ou da peregrinação, mas como forma de nos lembrar a nossa origem, de recarregar nossas forças. Não à toa, a fé é a ponte que leva a Deus. Quanto mais fé, menor é a sensação de vazio, de não estar sozinho no tempo e no espaço. Há um deus nos segurando pela mão; um deus que joga dados e dá as cartas.

Mesmo para os céticos, somos parte de um todo. Baruch Spinoza, filósofo racionalista do século XVII, criticava a Bíblia e foi um dos primeiros a questionar o fato de que ela tivesse sido realmente inspirada por Deus. No entanto, em meio a toda sua complexa teoria sobre Deus e o mundo, Spinoza nos define também como parte de um todo, como parte de Deus. Para ele, Deus não teria criado os homens e, desde então, se tornado uma entidade à parte. Ao contrário, o Universo é Deus e cada um de nós, por exemplo, é um de seus cílios. Reconhecer-se como parte desse todo, ou, como dizia o próprio Spinoza, ver "as coisas sob a perspectiva da eternidade" é estar conectado, mesmo que não haja ninguém jogando dados por você.

Esses dois lados da mesma moeda – religião e ceticismo – servem pra mostrar que a conexão a algo maior, superior, sublime – capaz de extrapolar a nossa simples existência – é essencial para o equilíbrio do vértice-mente. Não importa qual é a sua crença, se você professa o cristianismo, o islamismo, o budismo, ou nenhuma delas; se é cético, evolucionista, ou não parou pra pensar nisso. Você só será feliz se aprender a se conectar com sua fagulha universal e essencial (veja também vértice-social p. 39). Se tudo isso lhe soou abstrato demais, vamos à prática:

Ande descalço. Se possível, pise na terra pelo menos uma vez por semana. Os sapatos foram uma ótima invenção para proteger os pés, mas nos afastam da natureza. Pisar na terra ou na areia nos põe em contato com a Criação, com Deus, com nós mesmos. Não é à toa que sentimos uma sensação de liberdade e, ao mesmo tempo, de pertencimento. São faíscas de felicidade. Não as desperdice.

Escute o barulho do mar. Se você mora numa cidade litorânea, faça disso um compromisso. Anote na agenda: me encontrar com o mar. Se você mora longe, aproveite ao máximo quando viajar para a praia. O barulho das ondas funciona como um mantra. Segundo a cultura indiana, o mantra é uma seqüência mágica de sílabas ou versos que vibram em busca de um estado meditativo, capaz de nos conectar a nós mesmos e ao Universo. Para os indianos, o nirvana, ponto máximo desse estado, representa o conhecimento e a felicidade permanentes.

Tome chuva de vez em quando. Você se sentirá revigorado. Não apenas pela água – que cai diretamente das nuvens –, mas pelo cheiro, pelo impacto das gotas, pela imensidão do jato. Esqueça a roupa molhada e os cabelos desgrenhados; você voltará a tê-los em ordem. O importante é se conectar com a natureza, sorrir para o Universo. Lembre-se: a felicidade é simples.

Faça uma oração. De novo, não importa o seu deus, ou se você não tem um. Aqui, o sentido de oração não está vinculado apenas ao ato de rezar. Se você é cristão ou muçulmano, já sabe por onde começar. Se não é, pode "conversar" normalmente com sua fagulha essencial. Escolha um canto da casa e reúna ali pequenos objetos que lhe fazem bem; pode ser a imagem de um santo, um jarro de flores ou alguns cristais. Reserve também lápis e papel. Se quiser, acenda um incenso. Fique em silêncio por alguns minutos. Para estancar o fluxo de pensamento (veja p. 24), concentre-se nas batidas do seu coração. Em seguida, faça um grande círculo no papel. Com calma, trace dentro do círculo o que lhe vier à cabeça: palavras, frases, desenhos. Não se preocupe com nenhum tipo de estética e não pare pra pensar na construção de frases ou na escolha de palavras. Deixe que elas saiam espontaneamente. Quanto mais tempo você conseguir ficar em silêncio e esvaziar a mente, mais rico será o seu círculo, e mais perto da Criação, do Universo, você estará. É uma espécie de *brainstorm* (tempestade de idéias) às avessas. Na técnica da "tempestade de idéias", o objetivo é criar algo em grupo a partir de anotações sobre tudo o que se passa na cabeça das pessoas a respeito de determinado problema ou propósito. Na nossa técnica, a mente está vazia, não há problema ou propósi-

> to. Você apenas se conecta com o poder criativo do Universo, que invade sua mente com um objetivo único: fazê-lo se lembrar da sua comunhão com ele.

Um olhar sobre o vértice-mente

Não esqueça a imagem do lago. Se as águas estiverem agitadas, pare pra ver o que está acontecendo: você não atirou pedrinhas demais? Se a resposta for sim, trate de manter as pedras no bolso e, com as águas mais calmas, aproveite pra avaliar a "vida" no lago. Há muitos peixes? Ou só se vê lodo?

Para equilibrar o vértice-mente, a primeira coisa a fazer é *olhar* para ele. Encare seus pensamentos – é a única maneira de domá-los, e só você pode fazer isso. O ser humano é, por natureza, um ser positivo; caso contrário, não teria chegado até aqui. Não tenha medo do minotauro que, nos labirintos da mente, costuma se alimentar de nossos pensamentos positivos – os peixinhos coloridos do lago –, engolindo-os para que percam sua força criadora. Lembre-se de que, como num bom conto de fadas, o minotauro guarda a flor azul e, quanto mais peixes coloridos houver, mais ocupado com o banquete o monstro estará...

Se o minotauro enganá-lo, não negue que perdeu. Aceite a "baforada" do monstro. No jogo do contente, ele se empanturrou com seus pensamentos positivos, *mas* está, com certeza, exausto, pronto pra uma soneca. Aproveite o momento e agarre a flor azul. A felicidade está onde você menos espera. Somos infelizes quando nos deixamos levar pelo bocejo do minotauro e dormimos com ele.

O vértice-social

Ao contrário do que muita gente acha, não somos auto-suficientes. Ainda que você saia cedo todos os dias pra trabalhar e, no final do mês, receba o *seu* salário e pague as *suas* contas, faça as *suas* economias e decida o que vai fazer nas *suas* férias, está muito enganado se acha que você, e apenas você, se basta.

A vida em sociedade é inerente ao homem; se outros não existissem, você com certeza os inventaria. Não à toa, um dos castigos impostos em muitas penitenciárias do mundo é a solitária. Incomunicável, o criminoso chega a passar anos sozinho numa cela, sem praticamente nenhum contato com o mundo.

O terceiro vértice do fractal trata justamente de nossa relação com o mundo e a vida em sociedade, não importa de que forma essa sociedade se organize, política, econômica e culturalmente. O equilíbrio desse último vértice é um ponto crítico do fractal. Ainda que os vértices mente e corpo estejam em perfeita sintonia, um triângulo não se sustenta em apenas "duas pernas".

Para equilibrar esse último vértice, porém, preste atenção a essas onze premissas:

    Aprenda a reconhecer e classificar os problemas
    Adote o bom humor
    Aprenda a lidar com seus sentimentos
    Seja flexível
    Exercite a tolerância

Pratique a resiliência
Aprenda a lidar com as críticas
Dê um tempo a você
Dê um tempo aos outros
Converse com seu gato ou cachorro
Preste atenção ao "efeito borboleta"

Os pequenos e grandes problemas diários

Às vezes a vida nos parece tão complicada que temos a sensação de nadar em problemas, de todos os tipos, grandes e pequenos. Pela manhã, damos de cara com um rinoceronte; à tarde, topamos com um peixe-elétrico; à noite, um hipopótamo invade a vigília e nos rouba o sono.

Para viver bem em sociedade, é preciso muito discernimento. Primeiramente, faça de conta que você tem duas caixas: uma para os problemas grandes, outra para os pequenos. Não queira resolvê-los todos de uma vez. Vá por partes. Concentre-se na caixa de problemas pequenos; em geral, os problemas pequenos são coisas cotidianas: o carro que enguiçou, o chuveiro que queimou, o trânsito que não anda etc. Os grandes não se limitam a aspectos materiais ou passageiros; estão mais concentrados nas questões abstratas, que esperam por decisões tão grandes quanto eles.

Reconhecendo problemas pequenos

Os problemas pequenos não merecem muita reflexão; são do tipo volúvel, evaporam rapidamente. Às vezes, quando passam mais de um dia na caixa, fica difícil encontrá-los. Ao mesmo tempo, são extremamente temperamentais. Chegam fazendo grande alvoroço, como se quisessem mudar o mundo; no fundo, mal conseguem levantar uma pena.

Fique atento, porém, às suas armadilhas:

Eles adoram nos tirar do sério. Se o trânsito está lento, não xingue o outro motorista. Quando você realmente não pode ter acesso a um helicóptero, o melhor a fazer é ligar o rádio e ouvir uma boa música. Se o seu carro não tem rádio, aproveite a espera para compor uma poesia, inventar uma nova receita de bolo ou, simplesmente, observar o mundo lá fora. Xingar o outro motorista, fechar um carro ou avançar o sinal não vai fazer de você alguém mais feliz. Não mesmo.

Costumam se amontoar e ganhar força. Cuidado! Um probleminha pode se juntar a outro, outro, outro e se tornar um problemão, não exatamente da categoria dos grandes, mas, sim, daqueles "irritantes". Sabe quando um monte de colares, correntes e bijuterias se misturam e vão se enroscando até formar um enorme

> nó? Você puxa de um lado, e o nó corre pro outro... É mais ou menos assim que nos sentimos quando os pequenos problemas se acumulam. Portanto, fique de olho na caixa: conta de água atrasada, chuveiro queimado, cachorro da vizinha que não o deixa dormir, último rolo de papel higiênico, carro enguiçado... Tudo isso junto pode, de fato, dar um nó em você. A dica é não fazer tempestade em copo d'água, mas não permita que armem um dilúvio contra você.

Reconhecendo problemas grandes

Eles são complexos; ao contrário do que se pensa, costumam ter várias soluções e estão quase sempre ligados a assuntos existenciais. "Devo ou não sair do emprego?", "Quero me divorciar, mas não estou certo dessa decisão", "Não posso ter filhos. Devo adotar uma criança?", "Meu pai é uma pessoa difícil. Não sei como lidar com ele". Os grandes problemas são vizinhos da dúvida, exigem reflexão e, quase sempre, não dizem respeito apenas a nós, ou a um simples chuveiro queimado. A essa altura, você já deve estar se perguntando por que exatamente é necessário separar os problemas em caixas para viver bem em sociedade. A resposta é simples e pode ser resumida com exemplos: você não será capaz de discutir a relação se estiver preocupado com o último rolo de papel higiênico. Nem lidará com pessoas difíceis se é o primeiro a xingar o motorista da frente. Muito menos conseguirá ouvir seu filho se estiver histérico com o barulho da rua.

Bom humor

Conta a sabedoria popular que certa vez Nasrudin, sábio sufista, chegou em casa com a mulher e viu as portas escancaradas e as janelas abertas. Eles haviam sido assaltados. Indignada, a mulher perguntou:
– Mas, Nasrudin, você não trancou as portas?
A vizinha emendou:
– Eu bem avisei que as janelas estavam com defeito. Por que não as mandou consertar, Nasrudin?
E Nasrudin respondeu:
– Esperem! Certamente não sou o único culpado.
– E quem deveríamos culpar? – perguntaram todos em coro.
– Que tal os ladrões? – respondeu Nasrudin.

O bom humor é, com certeza, uma das formas mais eficazes de lidar com os problemas. Em qualquer situação ou relacionamento, uma boa dose de bom humor pode fazer milagres. Não tem contra-indicações, pode ser usado em inúmeros casos, é fácil de empregar e não custa nada.

Raiva, ciúme e inveja

Não saia correndo deles, nem finja que eles não existem. Esses sentimentos são inerentes ao ser humano. O que você precisa fazer é aprender a lidar com eles, a usá-los pra se conhecer melhor. Lembre-se: quando a gente se conhece melhor, fica mais fácil também lidar com as outras pessoas. Você vai saber entender a raiva do outro, por exemplo, se desenvolver a capacidade de se pôr no lugar dele. Essa é a base da compreensão.

> **Raiva** — Sentimentos de injustiça, rejeição e até o estresse nos levam à raiva. O primeiro impulso é descontá-la no objeto que a causou, sem se importar se o objeto é o pé da mesa que quase arrancou seu dedo mindinho do pé, o motorista que fechou o seu carro ou a vizinha que varreu a calçada dela e empurrou a sujeira para a sua.

Lidando com a raiva

Não a cultive. Para os momentos de raiva passageira, uma boa idéia é extravasá-la. Você não precisa xingar o motorista, brigar com a vizinha ou quebrar a mesa. Basta redirecionar o seu sentimento. Lembre-se do vérticemente: o poder do pensamento é capaz de modificar a sua relação com o mundo. Cante bem alto, tente se lembrar de uma piada e, como brilhantemente já sugeriu Richard Carlson em seu *Não Faça Tempestade em Copo d'Água*, imagine que sua vizinha é uma criancinha de cinco anos ou uma velhinha centenária. Isso vai ajudar a aplacar a sua raiva.

Tente barrá-la. Esse exercício precisa ser repetido várias vezes pra dar resultado. Consiste basicamente no autocontrole. Sempre que perceber a raiva chegando, tente miná-la antes que se instale. Elenque uma série de desvantagens da raiva; por exemplo: faz mal à saúde, não resolve o problema e ainda pode piorá-lo, é extremamente desgastante, pode magoar as pessoas etc. Quando você vir a raiva vindo em sua direção, a galope, procure se lembrar dessas desvantagens. É uma batalha. Você vence se identificar o inimigo primeiro e atirar a sua lança. Você perde se não enxergá-lo a tempo.

Adote a técnica da torneirinha. Ela serve pra eliminar aquele tipo de raiva acumulada, já antiga. Imagine que essa raiva é uma espécie de água parada dentro de você: abra a torneirinha e deixe que ela saia aos poucos. Pense na pessoa ou no fato que lhe causou essa raiva. Em geral, depois de um certo tempo, o motivo da raiva perde sua força, tem jeito de piada ou pode ser resolvido facilmente. Se você achar que sua raiva não tem "cura", é provável que ela tenha se transformado em mágoa. Nesse caso, o processo de escoamento poderá ser mais longo. Contudo, não desista. Em lugar nenhum do planeta, a água parada pode fazer bem. Muito menos dentro de você.

> **Ciúme** – Está ligado ao medo da perda. Tem um pé na dúvida, outro na desconfiança. Presente em todo tipo de relação – familiar, amorosa e até no trabalho –, pode se tornar patológico.

Lidando com o ciúme

Se você sente ciúme de coisas materiais, exercite o desapego. Lembre-se de que, um dia, seu carro vai virar sucata, o batom vai acabar, a roupa vai sair de moda, e assim por diante.

Se você sente ciúme do parceiro, é melhor se render a esta verdade: não somos donos de ninguém. Não há nada que você possa de fato fazer se o seu parceiro estiver decidido a ir embora e, ao contrário do que muita gente pensa, o chão não vai sair do lugar. O sol continuará brilhando, os dias nublados poderão trazer chuva e as flores continuarão nascendo na primavera. Faça o mesmo e continue a sua vida. Muitas vezes, ninguém quer ir embora, e o ciúme não passa de uma desconfiança sem fundamento. Nesse caso, avalie suas inseguranças. O ciúme é um sentimento bastante complexo: quando achamos que a nossa preocupação é o outro, na verdade estamos preocupados com nós mesmos, com quão interessantes somos, com quão bonitos parecemos, ou com que intensidade somos amados.

Neste minuto, você está com ciúme da pessoa que mais ama no mundo. Imagine que, ao mesmo tempo, você acaba de saber pelo médico que tem apenas mais um dia de vida (um pouco de tragédia ajuda a sacudir nossa cabeça). O que você faria? Na certa, esqueceria esse ciúme e trataria de passar seus últimos momentos felizes com essa pessoa, não é? Acontece que, no fundo, não temos sequer *mais um* dia... O único tempo que você realmente tem é o agora.

Inveja – A inveja é tão antiga quanto o homem. Logo nas primeiras páginas da Bíblia, Caim matou Abel por inveja. Prima do ciúme, não costuma, porém, ser demonstrada. Todos nós temos inveja de alguma coisa, de alguém, algum dia. É inevitável. Sentimos mais inveja do que realmente supomos. No dia-a-dia, é a famosa "síndrome da grama do vizinho". Sempre mais verde, mais vistosa – nós a cobiçamos tanto que mal olhamos pro nosso jardim. Vivemos repetindo que... se morássemos na casa ao lado, tivéssemos o carro zero quilômetro que o primo comprou, pudéssemos viajar para a Europa todo ano como faz o chefe, ah, aí sim seríamos felizes. Não, não seríamos, porque provavelmente iríamos cobiçar novas coisas.

O problema não está em desejar o que o outro tem, mas no modo como você deseja.

Lidando com a inveja

Antes de invejar o outro, liste tudo o que você é e tem. Pra facilitar, pegue um papel, um lápis e escreva um nome fictício pra você mesmo. Digamos que seu nome seja João. Anote, então, José. Trace duas colunas. Na primeira, liste suas qualidades; na segunda, tudo de bom que você tem. Leia em voz alta a primeira coluna, começando assim: "José é..."; em seguida, passe para a segunda coluna: "José tem...". Ao terminar, você terá um retrato fiel da grama de José – na verdade, *a sua grama*.

Use a inveja a seu favor. Se o que você deseja está ao seu alcance, a inveja pode ser a mola propulsora pra que você consiga o que quer. Não se pode negar que o outro e o que ele tem nos mostram as possibilidades que a vida oferece. Se ele é, se ele tem, é porque é possível. Por exemplo, se você mora em uma casa alugada e tem inveja do vizinho que acabou de comprar a própria casa, isso pode levá-lo a conversar com ele a respeito do assunto. Como seu vizinho chegou até a casa própria? Quanto precisou poupar por mês? Fez um financiamento? De quanto será a prestação? Será que o que pago de aluguel daria pra pagar uma prestação desse tipo? Se você se concentrar no seu vizinho como modelo, logo estará mais preocupado com o que você tem e com o que quer. Ao contrário, se você passar a vida espiando o jardim do vizinho, invejando a sua grama e maldizendo a própria vida, é pouco provável que alguém bata à sua porta e lhe dê uma casa de presente. A inveja positiva o ajuda a atingir metas reais; a inveja negativa apenas as corrói.

Seja flexível

Não tente impor todas as suas idéias e opiniões. Você não está sozinho no mundo. Pare para ouvir as outras pessoas e, se preciso, mude o discurso. As pessoas flexíveis costumam se pôr no lugar do outro, imaginar o que fariam ou pensariam se estivessem passando pela mesma situação, por exemplo. Experimente o ponto de vista dos outros. Quando você domina os dois lados de um problema, fica mais fácil encontrar a solução, ou, pelo menos, identificar o que de fato não irá resolver o problema.

Tenho um velho amigo que vive dizendo: "A vida é uma grande brincadeira". Cada vez que eu o ouço dizer isso penso em quanto levamos tudo tão a sério, em quanto nos agarramos a pequenas coisas como se elas fossem pára-quedas, e nós, corpos em queda livre. Se o seu chefe lhe disse coisas horríveis, seu computador quebrou, a viagem de férias furou e o zíper da calça de que você mais gosta simplesmente estourou quando você estava na porta de casa, com a chave na mão, pense firme: "O que isso realmente vai significar daqui a trinta, cinqüenta, sessenta anos, quando sua vida estiver chegando ao fim?" E o que ou quem lhe garante que sua vida vai mesmo chegar ao fim apenas daqui a trinta, cinqüenta ou sessenta anos?

Exercite a tolerância

Eram muitos porcos-espinhos, e o inverno se aproximava. Aos poucos, a neve fininha começou a cair, e os porcos-espinhos, para não morrerem congelados, se achegavam cada vez mais, tentando se aquecer. Contudo, conforme se aproximavam, seus espinhos começavam a espetar uns aos outros... Para não se machucarem, voltaram a se afastar. Mas a neve já caía a cântaros, e o vento gelado parecia não perdoar. Os porcos-espinhos viviam então um dilema: morrer congelados ou machucar a si mesmos e aos companheiros, sangrando-os, muitas vezes gravemente. Como a natureza é sábia, acabaram encontrando um meio-termo, uma distância suportável para o frio e, ao mesmo tempo, que não machucasse.

Essa fábula, imaginada por Arthur Schopenhauer, filósofo alemão do século XIX, é um ótimo exemplo de como devemos exercitar a tolerância para viver bem em sociedade. Nós não nos bastamos. Precisamos do outro pra nos aquecer, pra chorar, pra sorrir e até pra brigar. Porém, devemos nos mexer com cuidado, a uma distância segura. Tolerar é estar junto sem se espetar com os espinhos do outro, nem alfinetar o outro com os próprios. Em outras palavras, a tolerância anda de mãos dadas com o respeito. Quando você estiver numa discussão, por exemplo, e perceber que não "tolera" a opinião do outro, tente ouvir a pessoa e respeitá-la, por mais absurdos que ela esteja dizendo. No calor da hora, procure se lembrar de três pontos fundamentais:

- Ela tem os seus próprios motivos.
- Muitas verdades e absurdos podem trocar de lugar, dependendo do ponto de vista.
- Você não está no mundo para mudar as pessoas, e sim para conviver com elas.

Pratique a resiliência

À primeira vista a palavra "resiliência" pode soar pra lá de estranha, mas, quando posta em prática, é capaz de operar verdadeiros milagres na sua vida, principalmente no que diz respeito à esfera social. O conceito vem da física – é a capacidade que um material tem de voltar ao seu estado normal depois de ser submetido a uma deformação elástica –, mas a psicologia tomou essa idéia emprestada para descrever a capacidade de se adaptar a novas circunstâncias, de lidar com problemas e se recuperar de baques, à maneira de uma cama elástica. Por mais que dezenas de crianças peraltas saltem enlouquecidamente sobre a sua superfície, ela em seguida recobrará sua forma original.

Você pode pensar que as pessoas nascem ou não nascem com essa capacidade, principalmente quando observamos que, para alguns, é mais fácil lidar com as situações difíceis e superá-las. Não raro nos pegamos em comentários como: "Fulana perdeu o único filho em um acidente, o marido a traiu, ela perdeu o emprego, mas, pouco tempo depois, montou um pequeno negócio; o negócio cresceu, mas o sócio lhe deu o golpe, e ela voltou à estaca zero. Com as economias que tinha, porém, reergueu-se e hoje está muito bem de vida. E eu sempre a vi sorrindo. Como pode?". Sim, algumas pessoas nascem mais resilientes que outras, mas os psicólogos também já descobriram que é possível desenvolver essa habilidade. Basta praticá-la:

As pessoas resilientes aprendem com as adversidades. É mais ou menos como se tivessem tomado uma vacina. Na próxima vez que o vírus chegar, estarão mais fortes. Assim, sempre que estiver diante de uma grande dificuldade, concentre-se em superá-la e, em seguida, pense no que você aprendeu com a situação. Se quiser, coloque isso no papel. Escrever ajuda a organizar o conhecimento.

Confie em si mesmo e saiba reconhecer quando precisa de ajuda. Os resilientes não são super-heróis.

Se há algo a ser resolvido, vá lá e resolva. Não fuja dos seus problemas.

As pessoas resilientes sabem que os imprevistos existem e, por isso, não se desesperam com eles. Talvez por isso elas se adaptam tão bem a situações inesperadas. Por exemplo, se você sabe que sua barraca pode furar e se transformar em uma canoa alagada no meio do acampamento, talvez se imagine hospedado na barraca vizinha – quem sabe ganhe até um novo amigo. Não é à toa que temos a sensação de que as pessoas resilientes têm sempre uma carta na manga.

Sonhe alto e ligue a tevê da sua mente. Conquistar uma vaga na maior empresa do setor, ganhar a

> medalha do campeonato, comprar uma casa, não importa. Imagine-se nessas situações. Faça um filminho e assista-o repetidamente.
>
> **Não se faça de vítima.** Isso não ajuda você, nem a sua relação com os outros. Para as pessoas resilientes, não existem vítimas ou fatalidades porque elas não têm tempo para isso. Outro degrau as espera.

Aprenda a lidar com as críticas

SE VOCÊ É O ALVO DELAS...

Talvez essa seja uma das tarefas mais difíceis da vida social, em qualquer uma de suas esferas, seja na família, no trabalho, nos relacionamentos amorosos. As críticas doem, nos surpreendem, plantam sentimentos de vingança e, quase sempre, nos deixam numa posição defensiva, altamente estressante, que nos suga toda e qualquer energia. Por que é assim? Porque damos importância *demais* ao que os outros pensam e acham a nosso respeito. Isso não quer dizer que você simplesmente deva ignorar qualquer crítica feita a você. Ao contrário. Em geral, boas críticas nos levam ao autoconhecimento e podem nos dar toques valiosos de como viver em paz com os outros. No entanto, é preciso manejar a crítica do mesmo modo como se decora a casa, ou seja, você pode aceitar o fato de que determinado tecido é realmente muito fino para a cortina; a luz do sol vai incidir demais no seu piso e desbotá-lo; é preciso empregar um tecido mais grosso. Porém, não precisa se debulhar em lágrimas porque a vizinha disse que o laranja que você escolheu é feio e berrante. Você *gosta* de laranja, e isso não prejudica ninguém.

Existem pessoas que gostam de criticar apenas por criticar e, muitas vezes, se divertem com isso. Misturam as preferências e os defeitos e se lançam às risadas. "Você fala muito", "Usa roupas bregas", "Você é muito distraído", "Você é egoísta", "Onde encontrou sapatos tão horripilantes?", "Não tinha uma bolsa melhor?"

A forma como você reage a esse tipo de comportamento, no entanto, vai determinar seu gasto de energia com ele. Portanto:

Conte até dez antes de responder a qualquer crítica. Em dez segundos, é possível filtrar as respostas agressivas. Elas definitivamente não funcionam: não desfazem a crítica, vão com certeza ofender o outro e dar a você o diploma de "Não aceito críticas". Aliás, mais um motivo pra ser criticado.

Aceite a crítica. Isso vai mudar o rumo da conversa. Digamos que alguém lhe diga que você é muito indeciso. Depois de pensar por dez segundos, talvez perceba que, realmente, é uma pessoa que demora a se decidir. Admitir isso vai deixar o outro satisfeito por ter-lhe alertado, e você, mais tarde, talvez comece a pensar no assunto, num processo quase terapêutico. Quando admitimos as críticas, elas passam a jogar no nosso time; não são mais bolas do inimigo.

Assuma suas preferências. Não tenha vergonha de gostar de verde-abacate, rosa-choque, sapatos pretos de bolinhas brancas ou novela das oito. Se prefere água a refrigerante, adora bife malpassado, time que só perde, cabelo chanel, ópera, ou não tolera o noticiário na tevê, não tente se justificar como se tudo isso fosse crime. Relaxe, sorria e seja você mesmo.

Se você vai criticar...

Quando somos crianças, não temos, como se diz, "travas na língua" e, a torto e a direito, soltamos frases como as citadas anteriormente. Lembro-me de, certa vez, ter disparado uma série de frases assim perto de meu pai. O tempo se encarregou de apagá-las, mas a resposta que ele me deu, sorrindo, ainda ressoa de vez em quando na minha cabeça: "E você? Não tem nenhum defeito?" Portanto, não saia criticando os defeitos alheios. Pense nos seus e chegará à conclusão de que, antes de corrigir o mundo, vai precisar corrigir a você mesmo. Garanto-lhe que essa empreitada demandará tempo.

Use a crítica como um conta-gotas. De vez em quando, em doses pequenas e na medida certa, para um fim preciso. Se precisa fazer uma crítica a alguém, preste atenção a essas técnicas:

> **Avalie a crítica.** Se o que você pretende dizer estiver no grupo da "crítica por crítica", com certeza perderá a força depois dessa avaliação.
>
> **Se o que você pretende dizer realmente** tem a finalidade de tentar ajudar o outro de alguma forma, não encare como uma crítica, cuja natureza é de mão única, mas como um diálogo – de mão dupla. Você vai *conversar* com a outra pessoa, e não *criticá-la*.
>
> **Alguém já disse que é possível** falar absolutamente qualquer coisa para qualquer pessoa. Nada mais sábio. O sucesso da empreitada depende da maneira como as coisas são ditas. Por isso, quando precisar fazer uma crítica a alguém, pense em como vai dizer. Não é preciso pisar em ovos; basta estar tranqüilo, ser educado e, principalmente, agir com delicadeza. A dica é começar por um elogio. Em seguida, parta para a questão e comece a estabelecer o diálogo. Dê espaço para o outro falar e seja humilde. Faça sugestões em vez de mandar, fale em vez de gritar e ouça antes de falar. Termine a conversa com um novo elogio.

Dê um tempo a você

Nem sempre é fácil equilibrar os vértices do fractal, principalmente o vértice do mundo e dos relacionamentos. E a explicação pra isso é simples: quando estamos envolvidos com o vértice-corpo ou o vértice-mente, nos concentramos em nós mesmos. Quando olhamos para o vértice-social, precisamos de uma dupla visão. O social implica não estar sozinho; não é apenas o seu interior, os seus sentimentos que importam. É preciso se ater aos sentimentos, anseios e reações do outro. Não à toa, o vértice-social é tratado por último neste livro. Se você conseguiu se equilibrar (vértices corpo e mente), será mais fácil se manter em equilíbrio nas relações pessoais. Em outras palavras, só quem se entende pode entender o outro e é capaz de lidar com os percalços de todo relacionamento.

No entanto, há que dar um tempo a si mesmo. A felicidade também está nessa *sozinhez*. "A 'sozinhez' é inevitável", já dizia Paulo Mendes Campos. Você precisa ficar sozinho de vez quando, longe de tudo e de todos, longe inclusive de tudo o que este livro tem tentado lhe mostrar. Nem sempre conseguimos ser compreensivos, nem sempre acordamos de bom humor, nem sempre somos flexíveis, nem sempre é possível exercitar a resiliência, nem sempre somos tolerantes, nem sempre somos capazes de lidar com os nossos sentimentos. Somos, enfim, falhos. Dê um tempo a si mesmo quando falhar.

Dê um tempo aos outros

Não exija dos outros que estejam sempre antenados com você. Quando alguém lhe diz: "Preciso ficar sozinho", respeite esse pedido. A sociedade pode ser comparada a um time de futebol: sempre tem alguém no banco. Ora é você, ora é o outro.

Todo mundo precisa ficar sozinho, precisa pensar, precisa respirar, precisa acertar e precisa errar. Em alguns momentos da vida, não há nada melhor a fazer do que dar um tempo. Não tente demover seu filho de uma opinião irredutível do dia para a noite, não espere que seu companheiro reconheça que errou no minuto seguinte a uma discussão, nem que o chefe o promova pelo seu grande feito na próxima reunião.

Muitas vezes nos colocamos, sim, como centro do mundo. Solicitamos de todos, queremos tudo e, na nossa cabeça, o mundo passa, em instantes, a ser nosso, simplesmente porque só enxergamos nosso próprio umbigo. Temos a estranha tendência de achar que nosso bolo só vai crescer se os outros trouxerem o fermento. Acorde. A receita é sua, e cada um tem um bolo a preparar. Dê um tempo.

Converse com seu gato ou cachorro

Se você tem um bicho de estimação, converse com ele. Não tenha medo de parecer louco. Tenho quatro gatos, e todos os dias eles me ensinam técnicas fáceis e deliciosas de como equilibrar nosso fractal. Pode acreditar.

Se você tem um cachorro, e nunca pensou em conversar com ele, procure observar seu comportamento; mesmo que você esteja uma pilha de nervos, um chato de galocha, um ser detestável, seu cachorro o receberá como se fosse um príncipe. Pra ele, não importa seu estado atual, mas sim seu estado nato, aquilo que você é por natureza: seu amigo, seu provedor, a pessoa que o alimenta, que lhe dá carinho, que o leva pra passear. Por isso, conversar com ele significa ver o mundo de outra perspectiva – nós *estamos* assim, mas não *somos* assim...

Se você tem gatos, tem um arsenal meditativo em casa. Nesse instante em que escrevo, meu gato Miró está a pouco mais de um metro de distância. Sentado, patas unidas, olhos fechados e orelhas em alerta. Ele está economizando energia, como dizem os veterinários, para os momentos de crise, quando for preciso, por exemplo, abater um passarinho ou correr em disparada fugindo do cachorro da vizinha. Um tipo de sabedoria que levamos anos para apreender. Gato e cachorro são os animais de estimação mais comuns atualmente. Mas não hesite em conversar com tartarugas, peixes, centopéias, abelhas (elas adoram um bom papo regado a refrigerante) ou lagartixas. São todos, sem exceção, muito sábios.

Preste atenção ao "efeito borboleta"

Descrito por Edward Lorenz (1917-), esse efeito demonstra que uma pequena, ínfima mudança aqui pode resultar num enorme acontecimento do outro lado do mundo. Um exemplo disso aconteceu em 1998, quando os computadores do sistema de previsões de tempestades tropicais dos Estados Unidos detectaram que uma tempestade se formaria sobre o Estado da Louisiana em três dias. Outro meteorologista, porém, descobriu, ao mesmo tempo, uma pequena variação na velocidade das massas de ar. Quando os novos números foram inseridos no sistema, viu-se que a suposta tempestade sobre a Louisiana não aconteceria – em vez disso, um tornado extremamente violento varreria Orlando, na Flórida, o que de fato ocorreu.

Isso demonstra que pequenas mudanças podem, sim, levar a grandes transformações. O que você faz aqui, agora, repercute na verdade por todo o Universo. É difícil imaginar que sua decisão de comprar um carro hoje pode pôr em risco a vida de um urso-polar. Mas, no fundo, tudo está interligado. Lembre-se da teoria de Spinoza. Somos cílios de um mesmo deus. Se você compra um carro hoje, vai aumentar a produção de gás carbônico, contribuir para o rombo na camada de ozônio e ajudar a derreter o gelo dos pólos. Os ursos-polares, com certeza, sentirão o impacto. Como você viu no começo deste livro, nossa vida pode ser descrita graficamente por um fractal, figura com área finita e perímetro infinito. Cada fractal, porém – cada um de nós –, se une a outro, que se une a outro, e mais outro, e assim por diante. Nesse caso, o efeito borboleta é o piparote que você dá à primeira peça do dominó em fileira. A primeira vai derrubar a segunda, que vai derrubar a terceira, que vai derrubar a quarta... Cabe a você decidir se o resultado será um tornado ou um arco-íris.

Equilibrando o caos

A felicidade está no equilíbrio dos três vértices da vida, que, graficamente, representam o início de um fractal, figura de área finita e perímetro infinito. Quando equilibramos o fractal, porém, isso não significa que estamos congelando a felicidade, como se ela pudesse ser fotografada. A interação dos vértices produzirá novos vértices, de modo que a nossa vida, mesmo finita (a área do fractal), pode nos oferecer múltiplos caminhos (o perímetro, infinito).

Por definição, o fractal é uma estrutura geométrica complexa, que pode ser explicada pela Teoria do Caos. Segundo essa teoria, o funcionamento desse tipo de estrutura está ligado à interação aleatória de inúmeros elementos, resultando em infinitas combinações, que, no entanto, guardam certa *ordem caótica*. Uma pequena variação nessa ordem pode evoluir até atingir um estado que não era o previsto (veja o tópico Preste atenção ao "efeito borboleta"). E isso contempla diversos exemplos, desde a pessoa que saiu atrasada de casa, perdeu o vôo porque não encontrava o passaporte, embarcou no seguinte e conheceu o amor da sua vida, até aquela palavra-chave dita quando um grupo está perdido na floresta e que é capaz de estimular alguém a ter uma idéia genial de como sair dali. Ou seja, os momentos de desequilíbrio no fractal podem ser rapidamente superados, levando a um novo equilíbrio. A alternância entre equilíbrio e desequilíbrio é tão grande e tão intensa que se configura no caos ordenado.

Quando as pessoas chegam perto da morte, mas voltam, costumam dizer que viram "o filme da sua vida". São cenas dos principais momentos; são trechos do fractal. Jamais terão a magnitude de vislumbrar tudo o que viveram, sentiram, compartilharam. Porque a vida não é uma simples seqüência de fatos. Do ponto de vista do fractal, o destino existe, mas pode ser modificado pelas nossas escolhas, pela maneira como nos vemos e vemos o mundo. Não nascemos destinados a ser felizes ou infelizes.

Nosso fractal é construído ao longo da vida, por nós mesmos e pela interação com o mundo em que vivemos. Não existe um fractal igual a outro; mesmo que a área seja semelhante, o perímetro percorrerá caminhos e reentrâncias distintas. É por isso que pessoas diferentes, com histórias de vida distintas, são igualmente felizes. Não existe uma fórmula de felicidade que funcione para todos. Ao contrário, felicidade é construída por cada um de nós, ao longo da vida, desde que mantenhamos a figura do fractal em equilíbrio, ordenadamente no caos.

Na matemática, uma das características do fractal é que, ao ampliar um trecho da figura, percebe-se que ele é muito semelhante em estrutura a um trecho não ampliado, embora apresente mais informações e mais detalhes, ou seja, cada parte do fractal é quase uma réplica do fractal como um todo. Assim é a nossa vida. Uma só, mas, conforme a vemos mais de perto, revela-se mais rica e complexa.

Artificialmente, os fractais são gerados por enormes combinações numéricas feitas em computador. A mudança de um único número resultará num desenho diferente. Da mesma forma, não existe uma vida igual a outra. Os próprios genes funcionam mais ou menos assim: combinam-se aleatoriamente. Uma pequena mudança resultará em olhos verdes, ou castanhos, em cabelos encaracolados, em cabelos lisos. Por isso, talvez, sejamos tão diferentes e, ao mesmo tempo, tão próximos. Todos nós nos alimentamos, sofremos, choramos, sorrimos, fazemos planos, falhamos, ganhamos e perdemos. A maneira como trilhamos nossos caminhos e lidamos com esse padrão é que determina se somos ou não felizes. Se o fazemos de modo a manter o equilíbrio do fractal, a sua ordem caótica, a felicidade será um fato quase matemático. E nem o bater de asas de uma borboleta poderá mudar isso.